This Handwriting Practice Book Belongs to:

_____

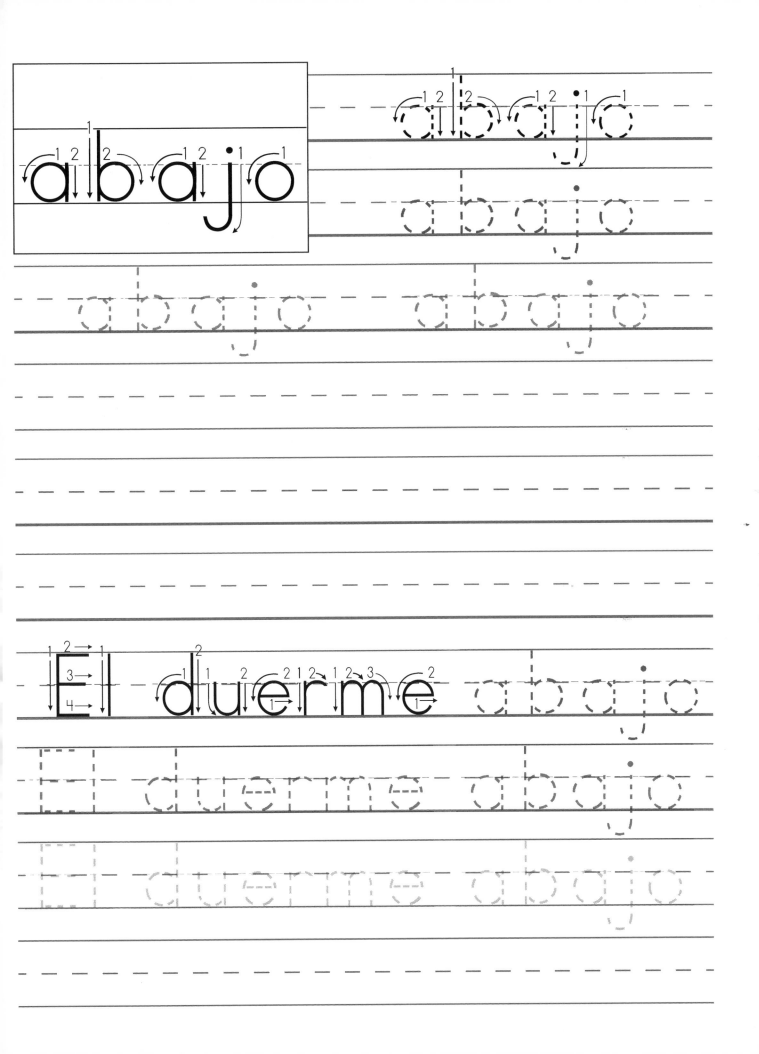

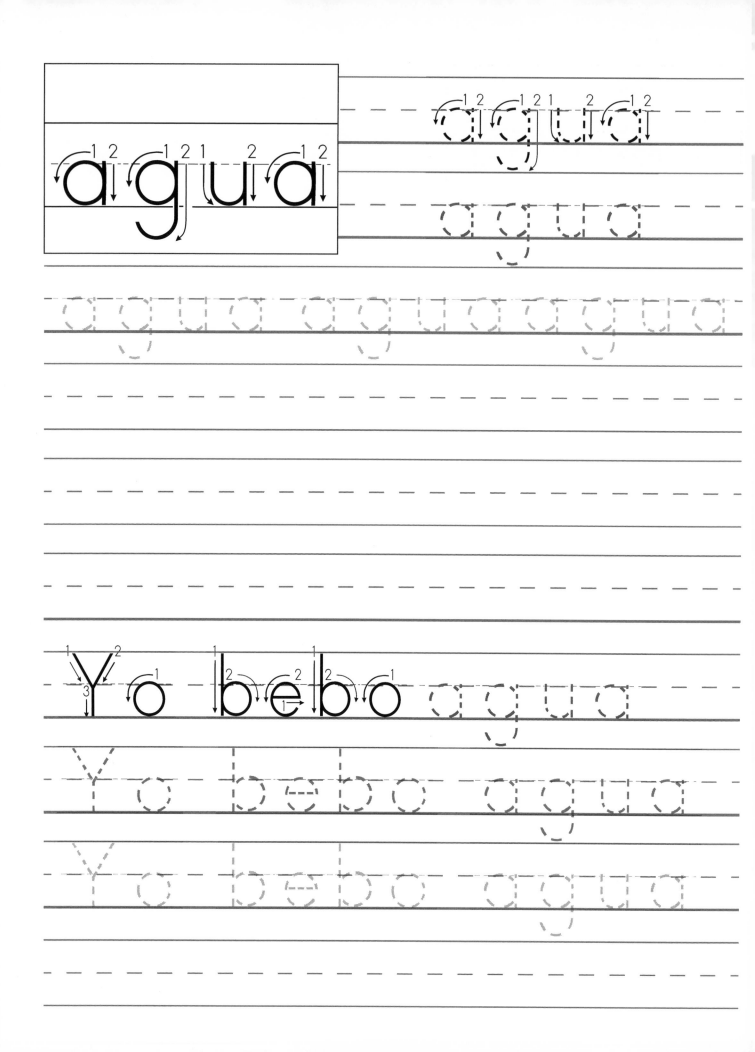

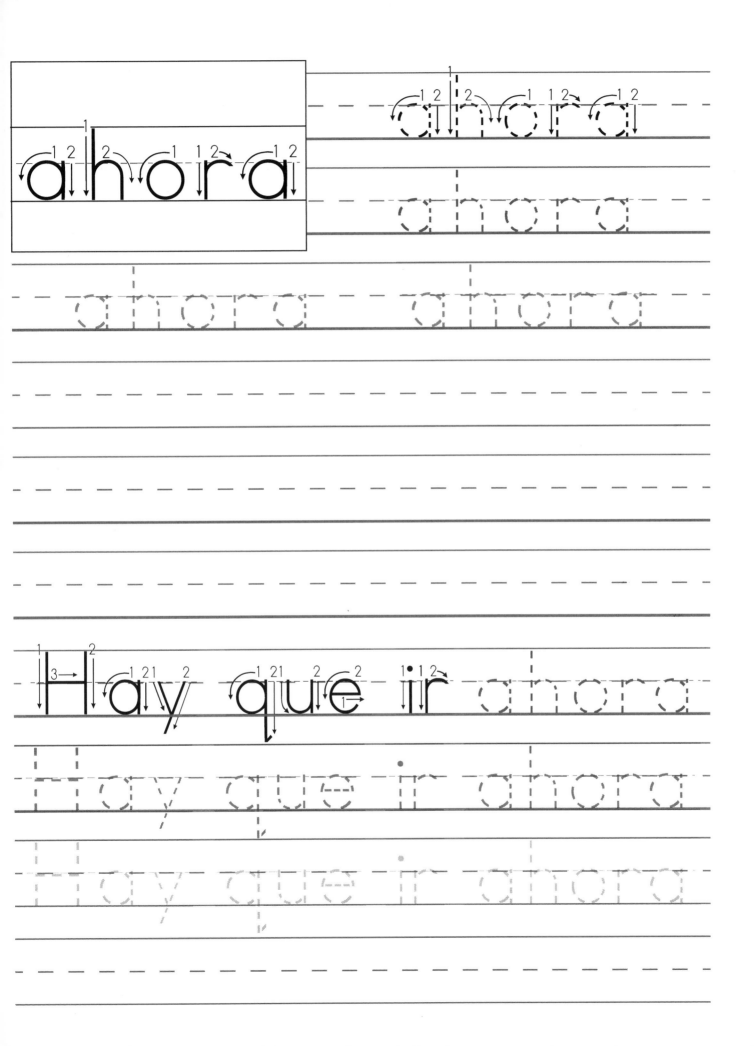

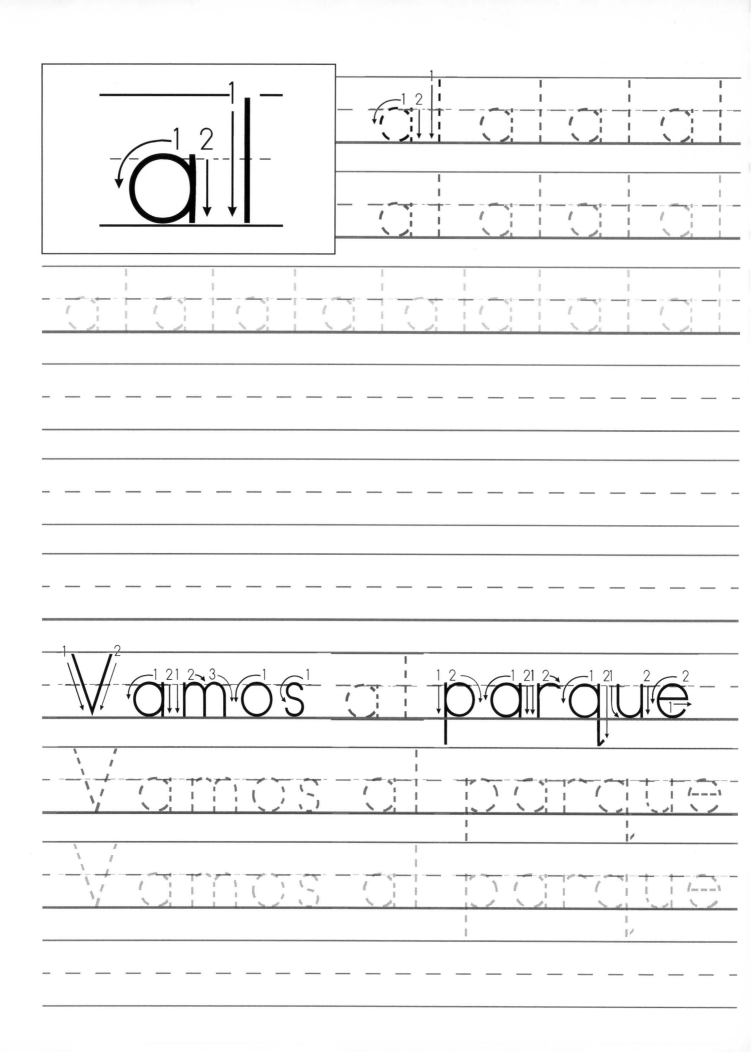

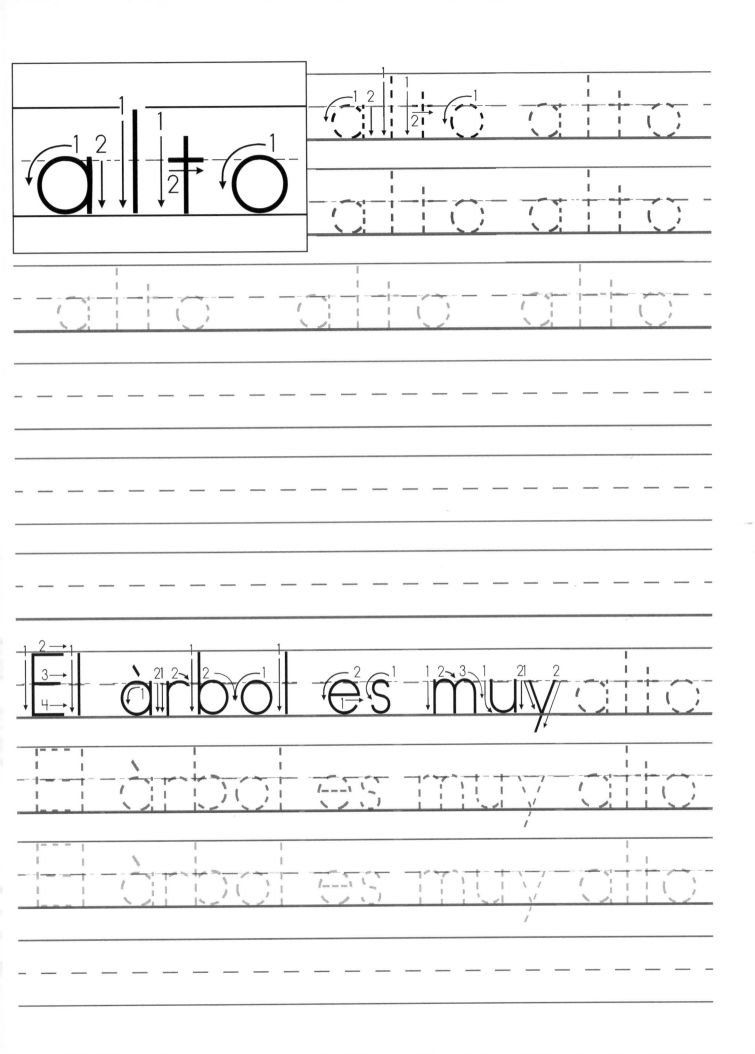

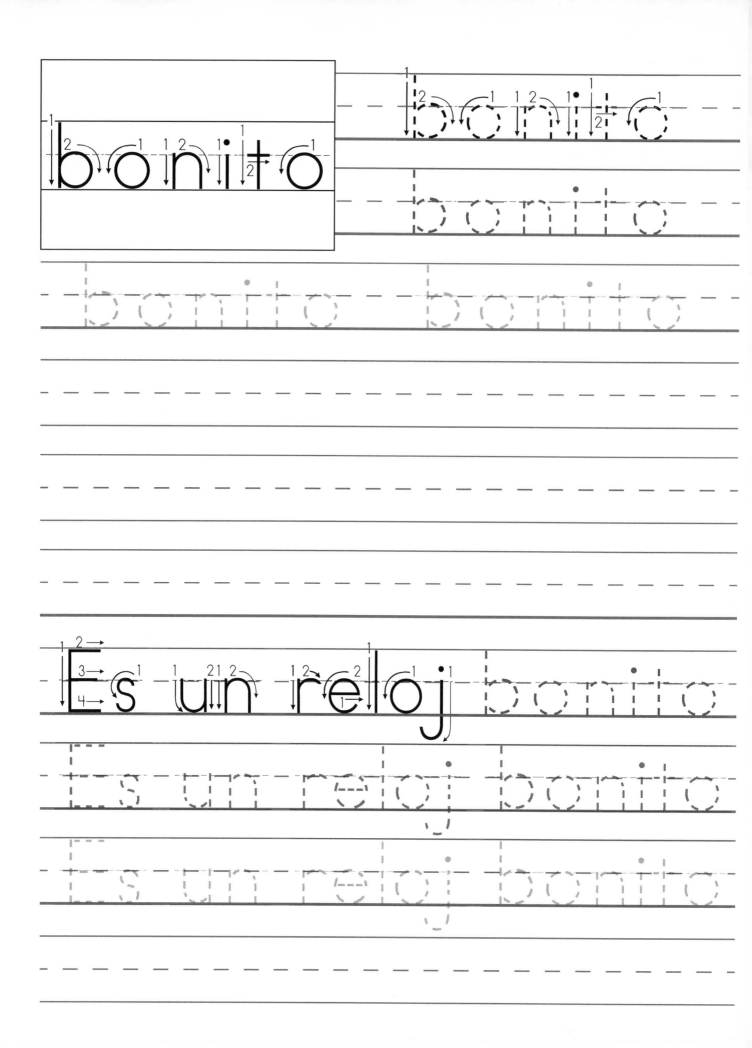

bonito

bonito

bonito   bonito

Es un reloj bonito

Es un reloj bonito

Es un reloj bonito

bueno

bueno

bueno   bueno

Su consejo es bueno

Su consejo es bueno

Su consejo es bueno

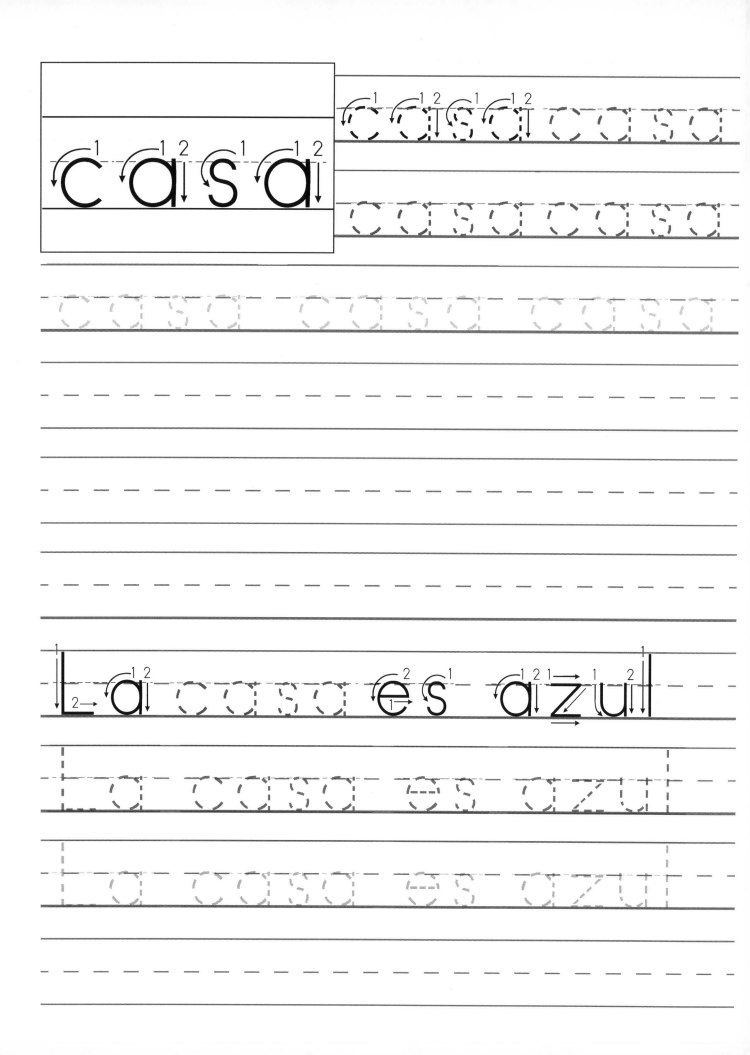

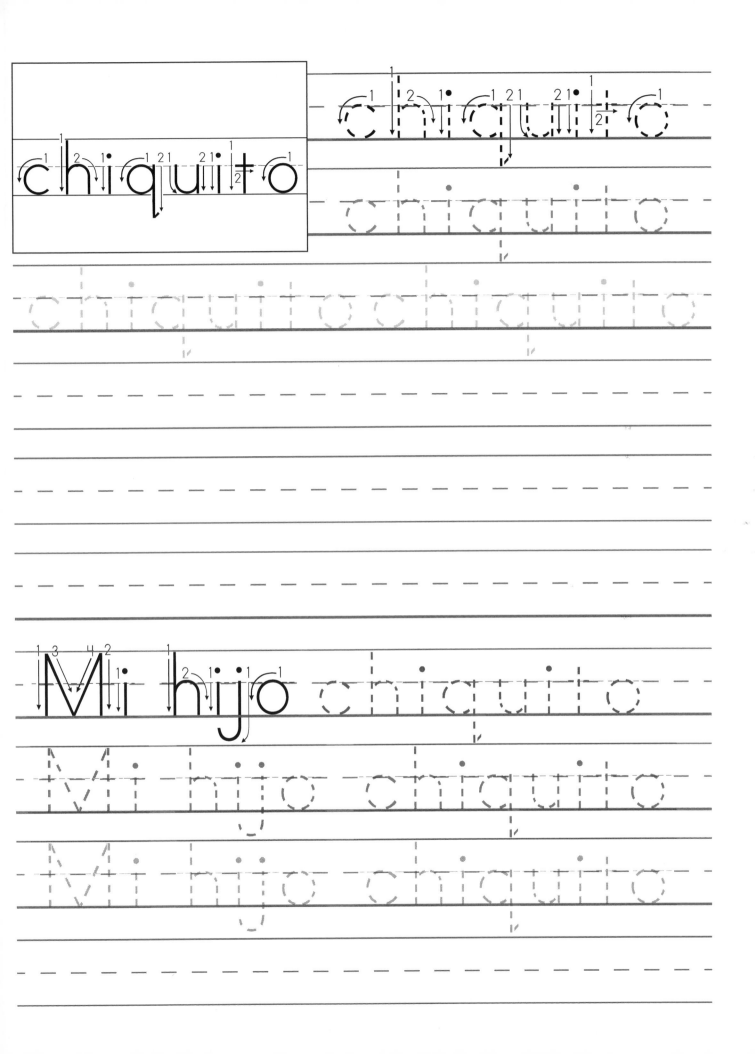

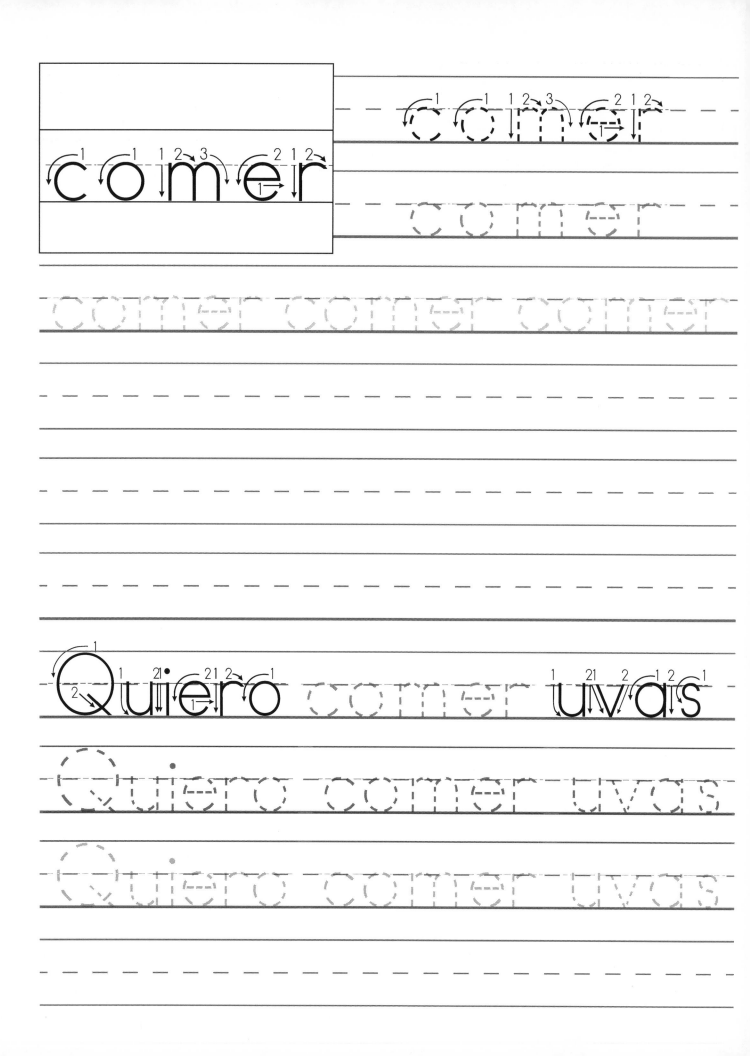

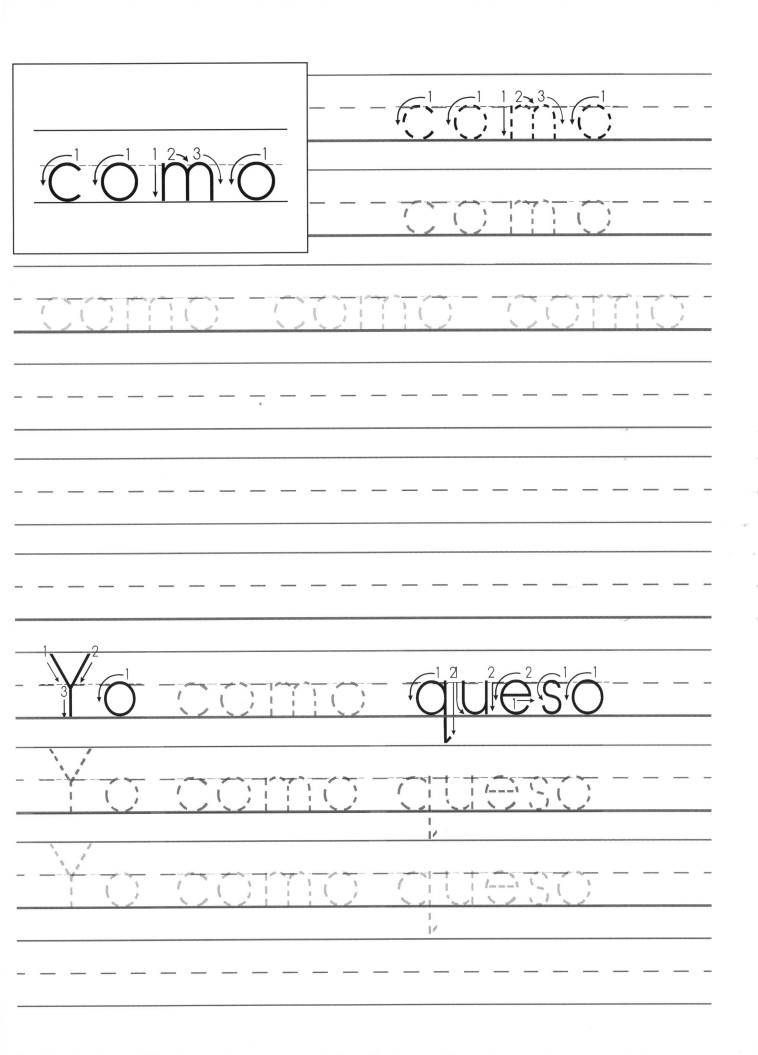

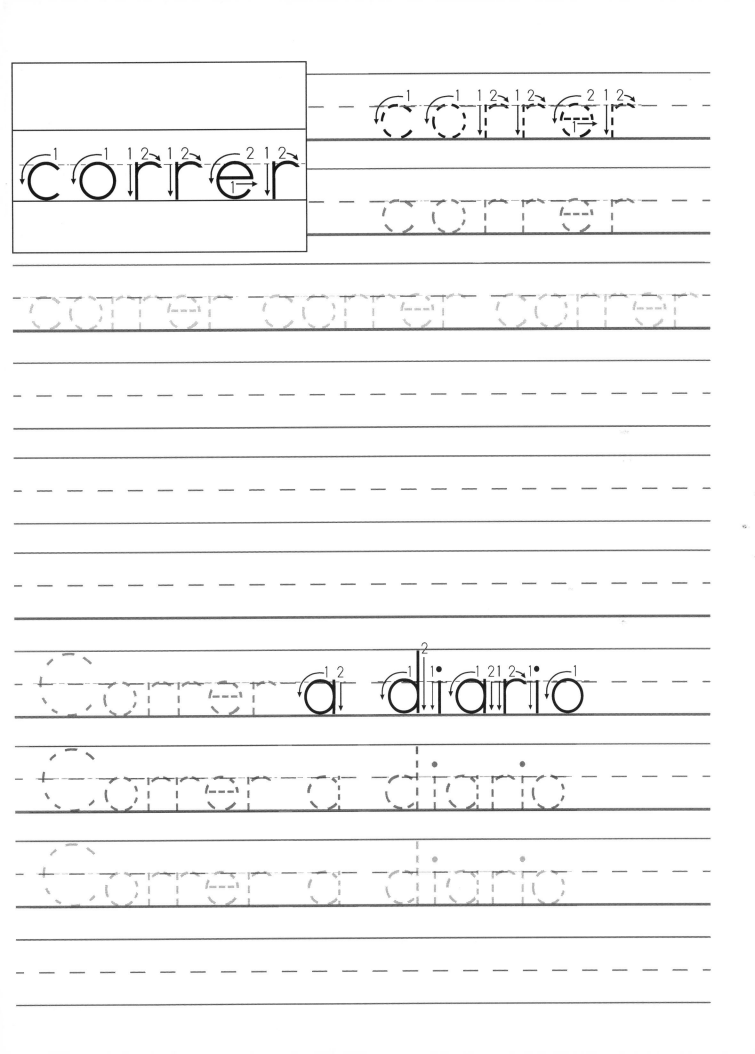

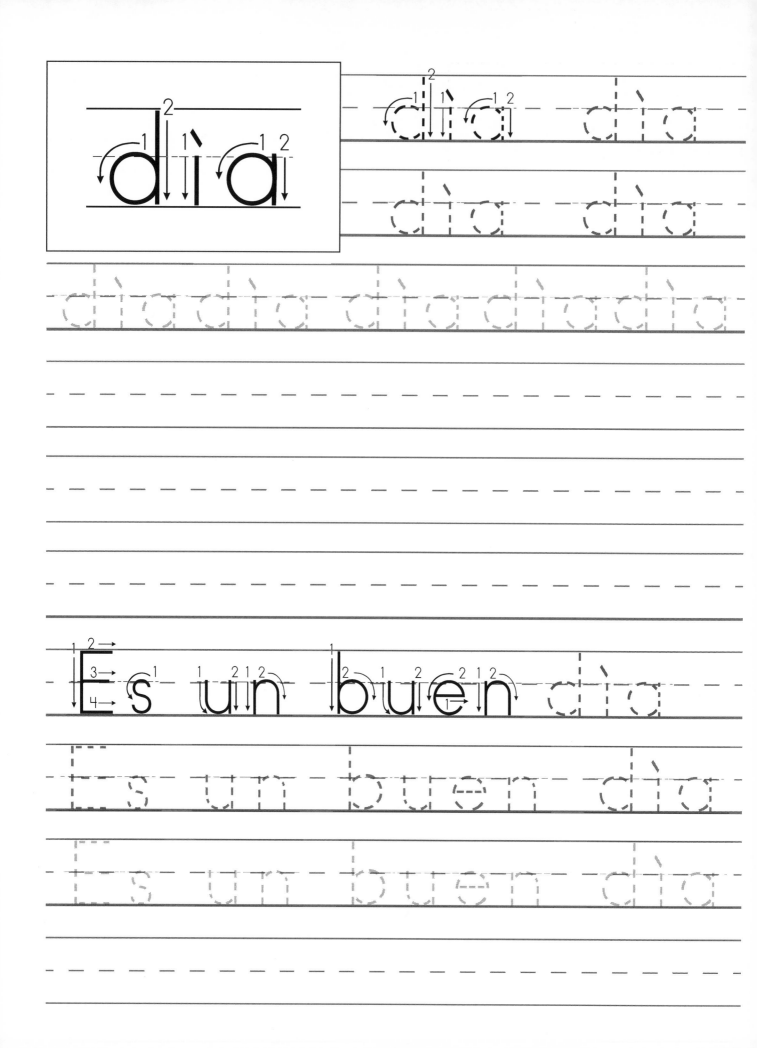

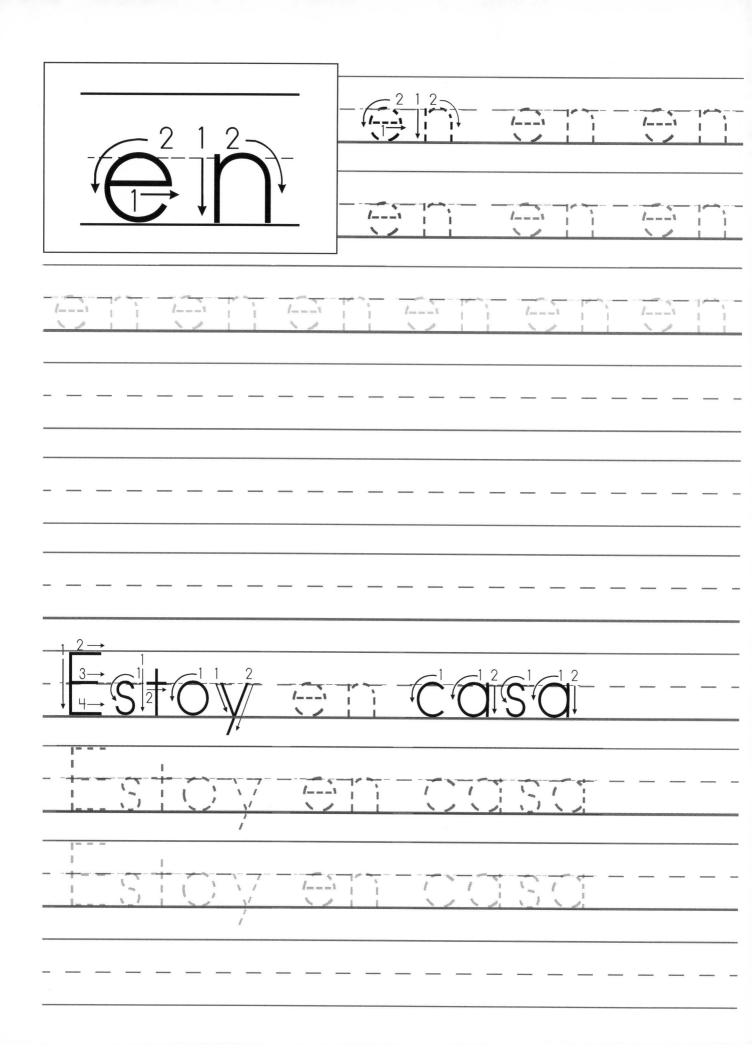

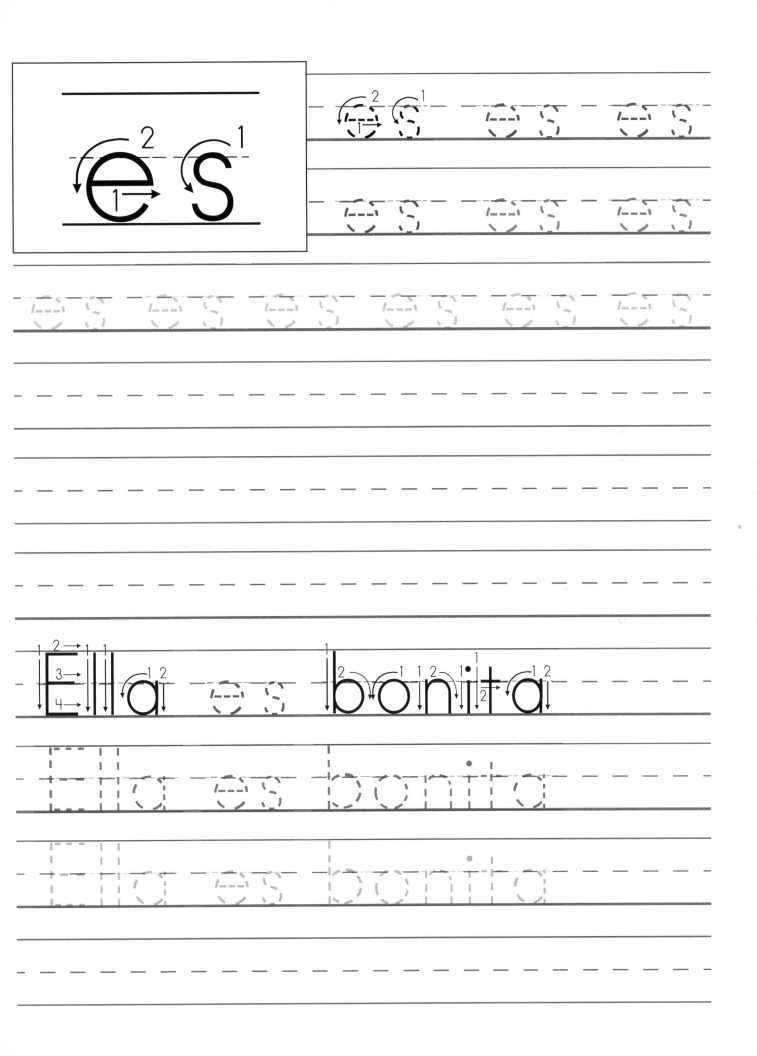

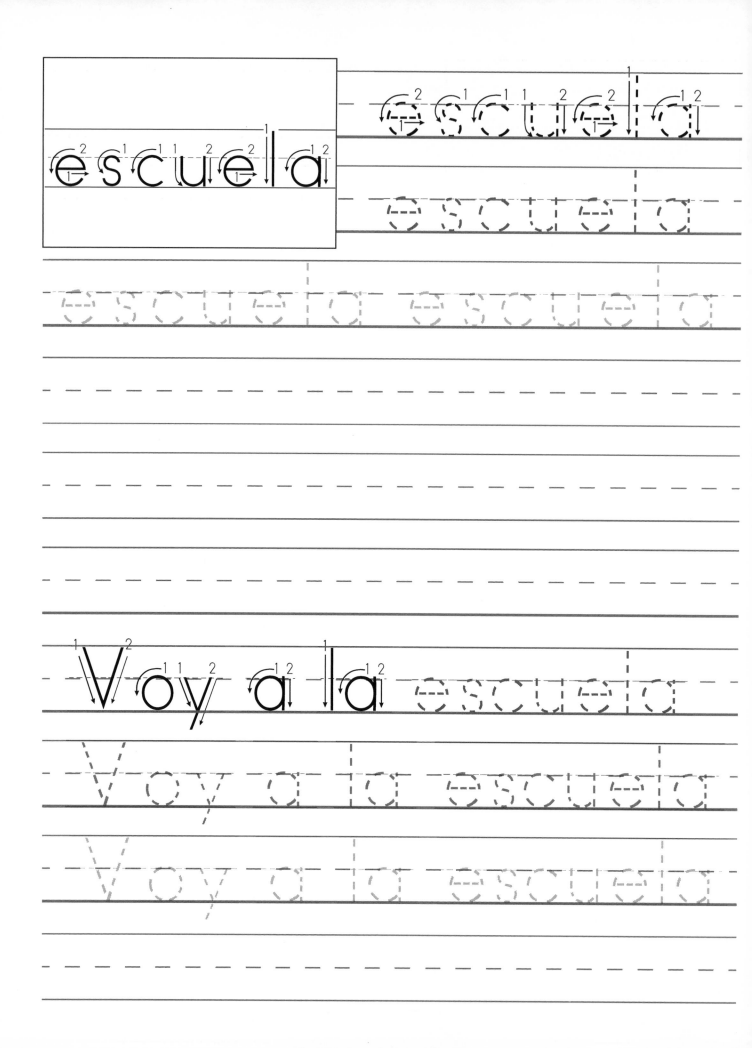

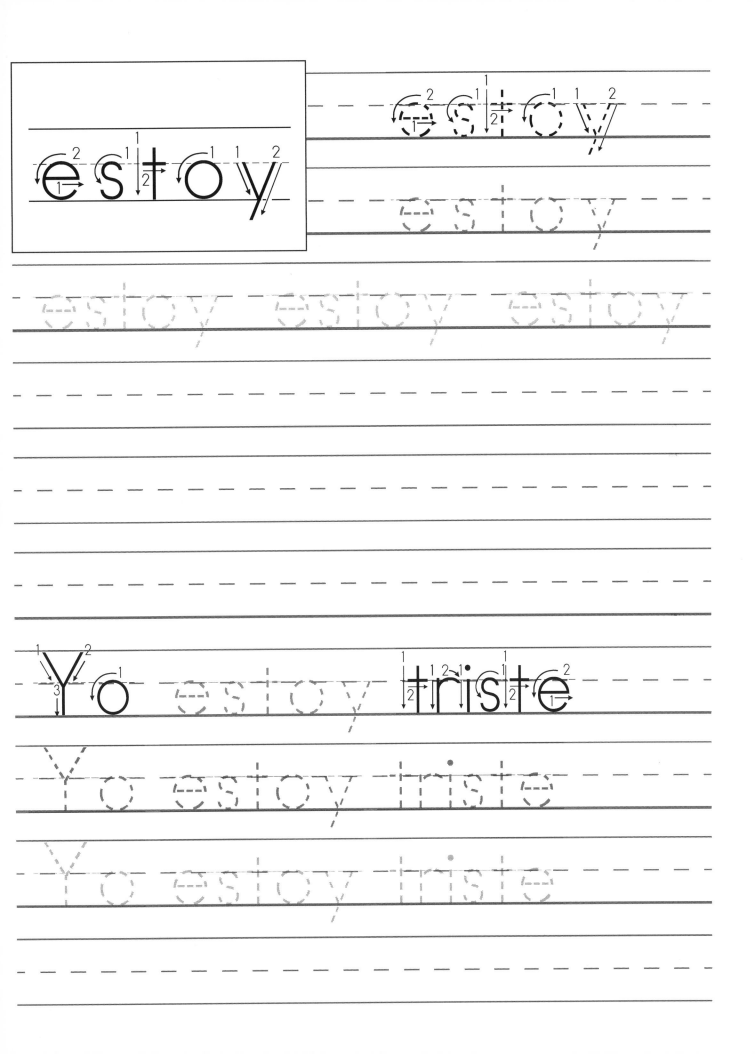

feliz

feliz feliz feliz

Soy tan feliz!

Soy tan feliz!

Soy tan feliz!

fueron

fueron al jardin

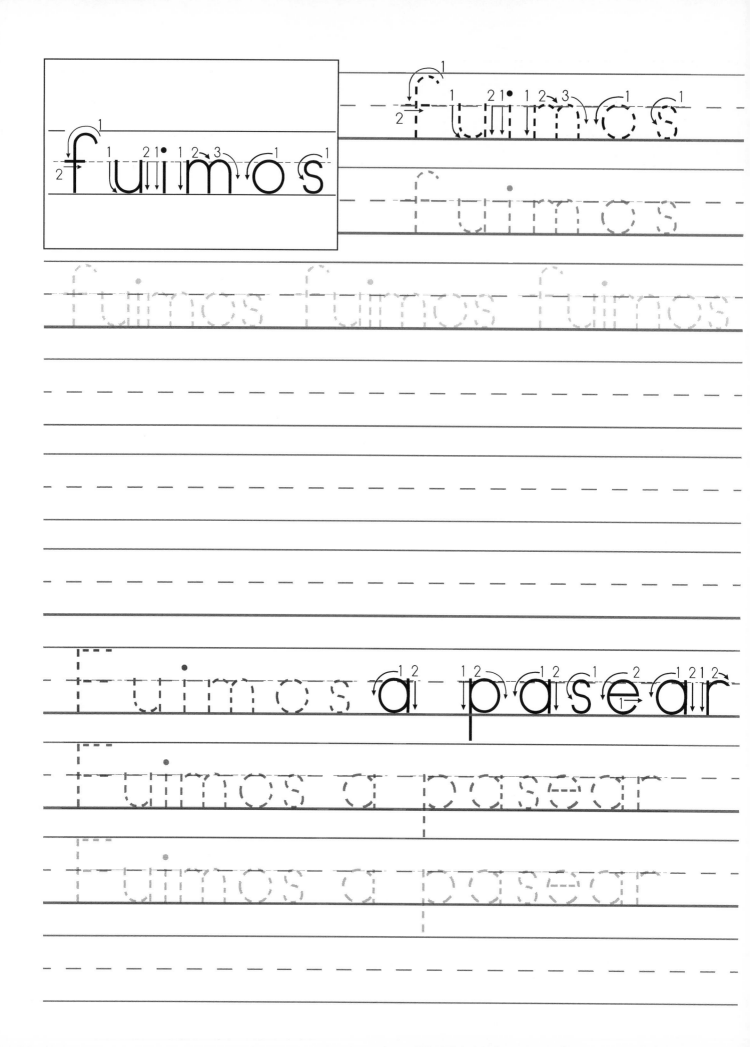

fuimos

fuimos

fuimos fuimos fuimos

fuimos a pasear

fuimos a pasear

fuimos a pasear

gracias

gracias

gracias

graciasgraciasgracias

Gracias por todo

Gracias por todo

Gracias por todo

grande

grande

grande

grande

grande

Piensa a lo grande

Piensa a lo grande

Piensa a lo grande

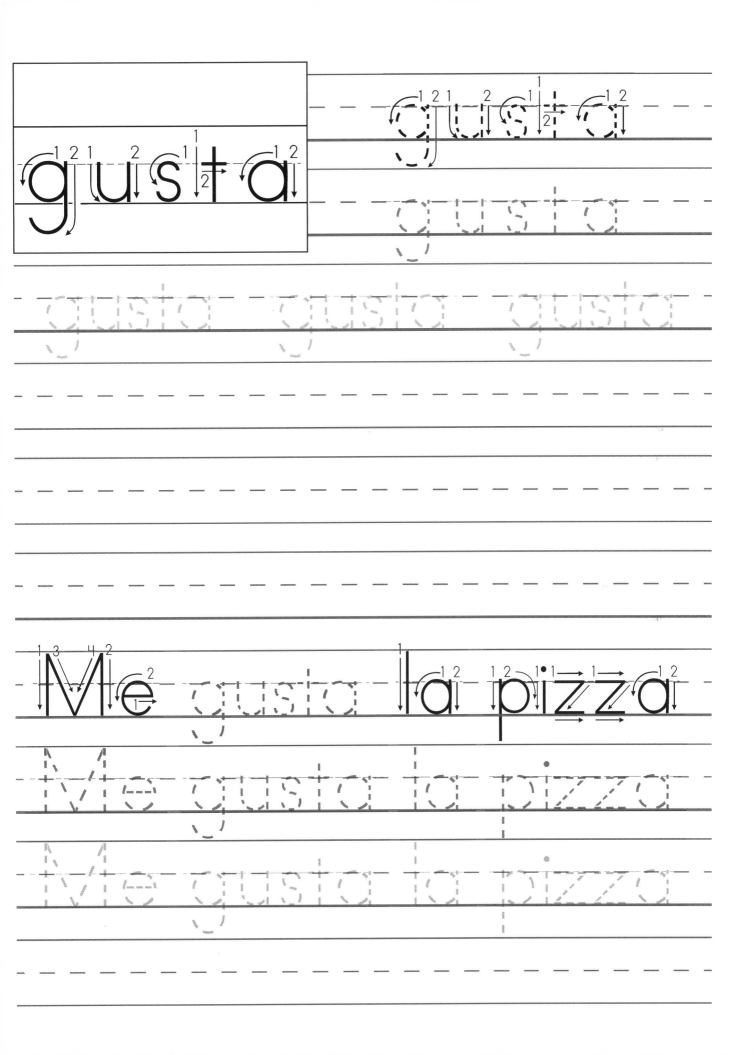

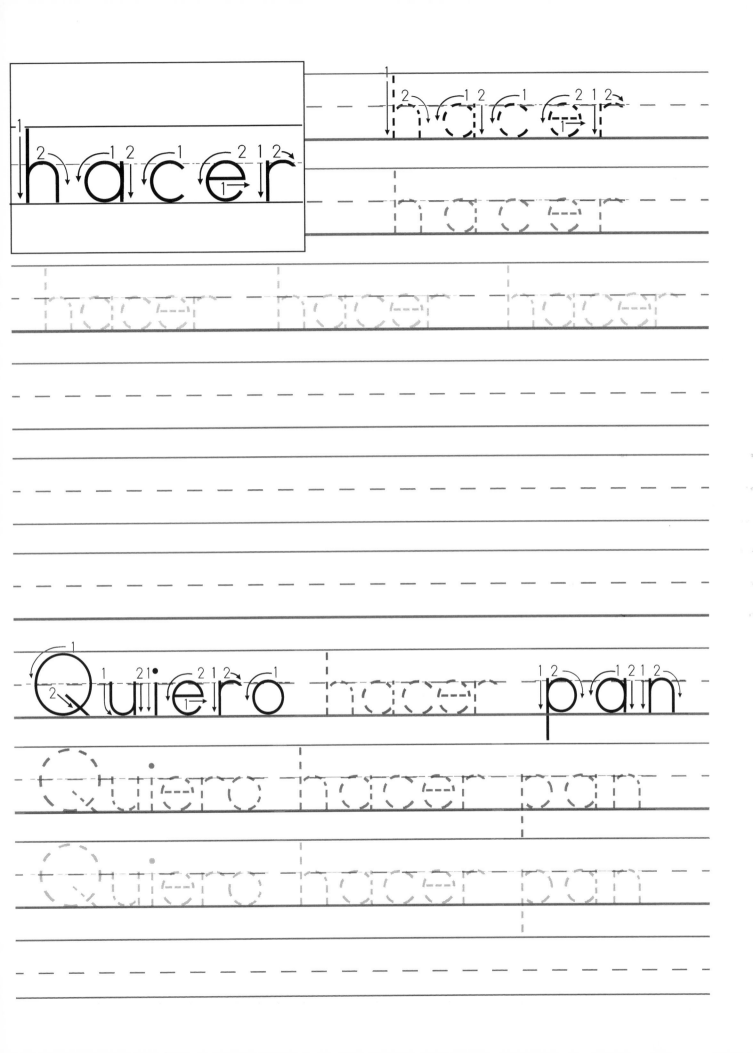

hasta

hasta mañana

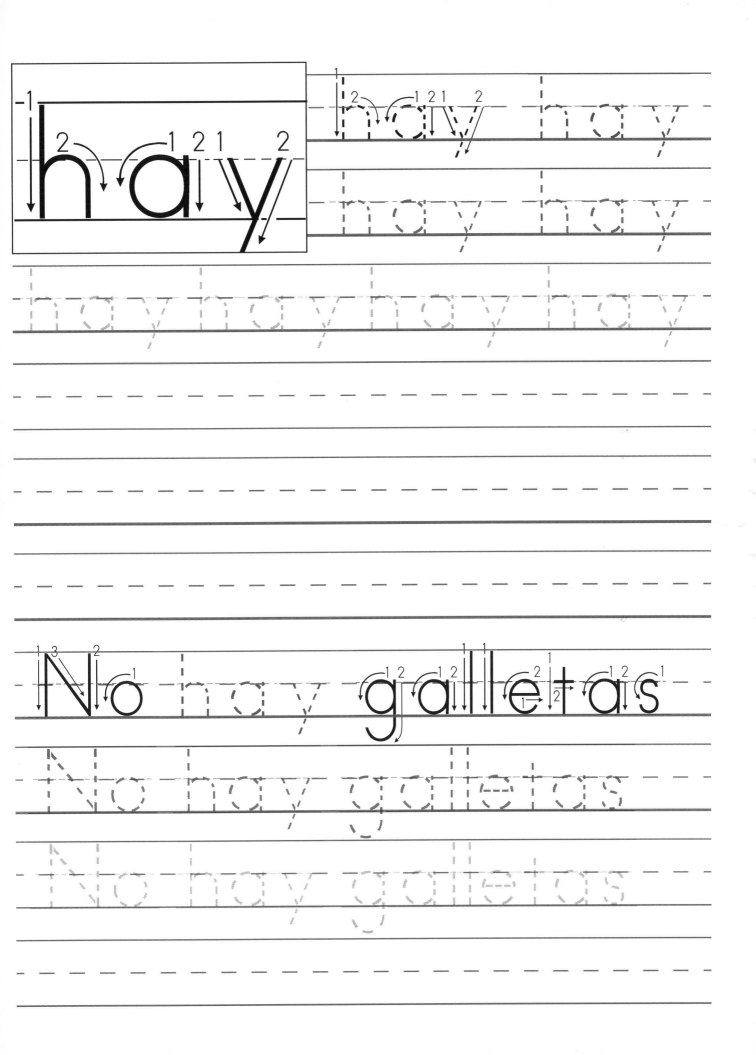

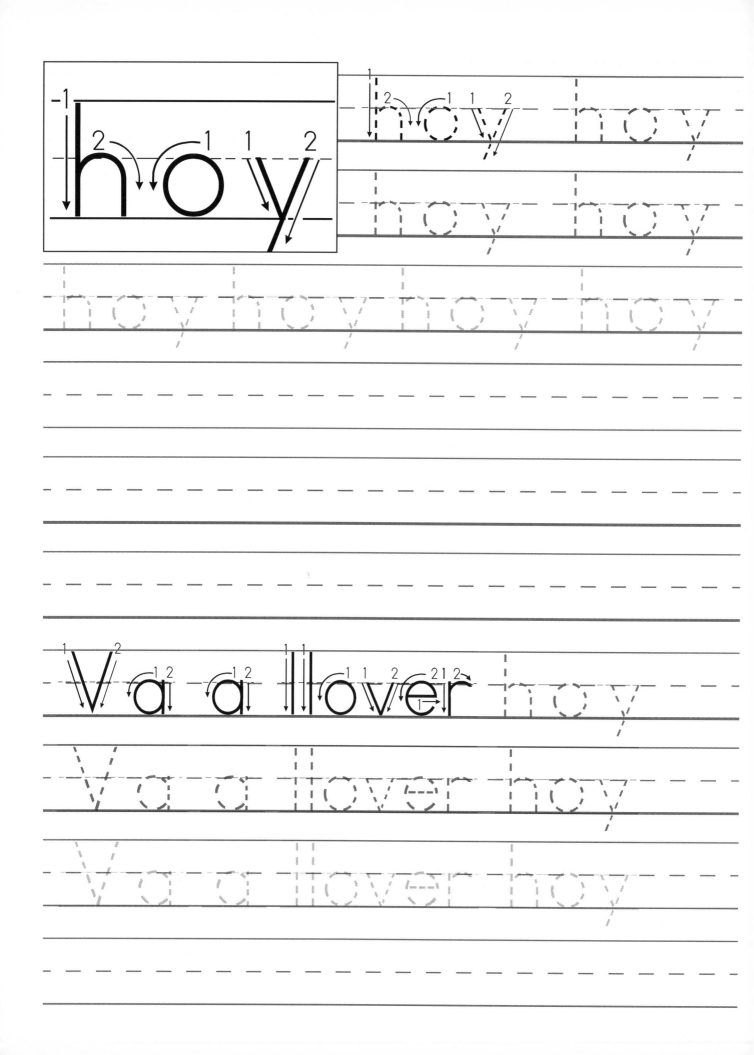

hoy

Va a llover hoy

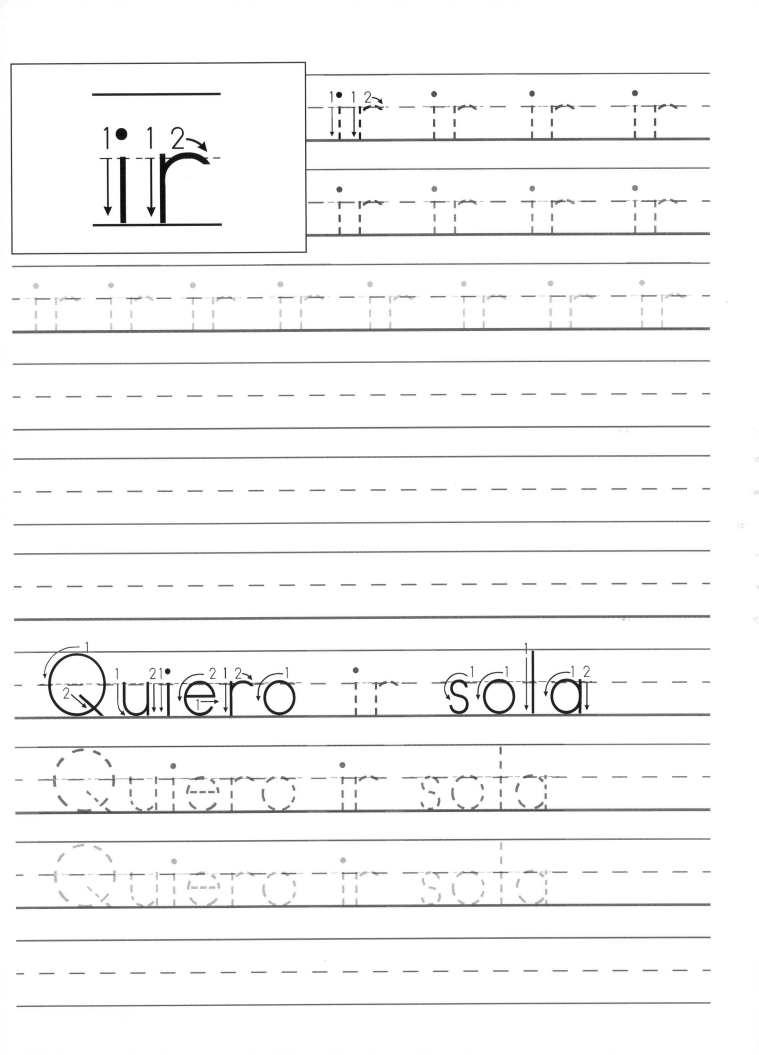

ir

ir ir ir ir

ir ir ir ir

ir ir ir ir ir ir ir

Quiero ir sola

Quiero ir sola

Quiero ir sola

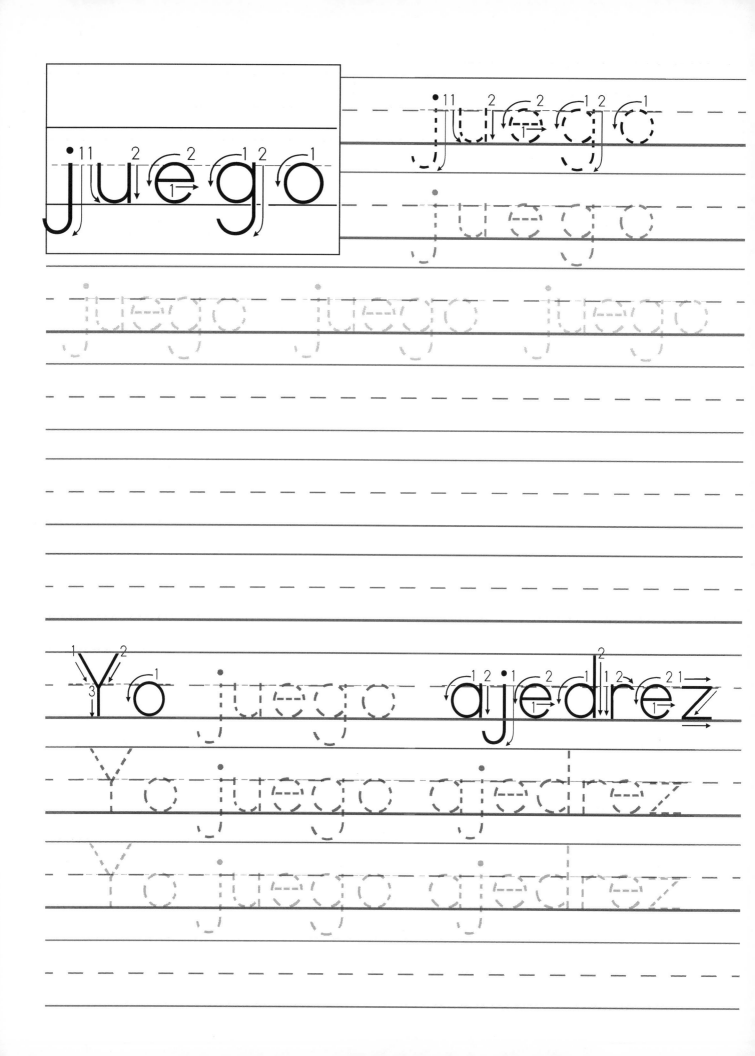

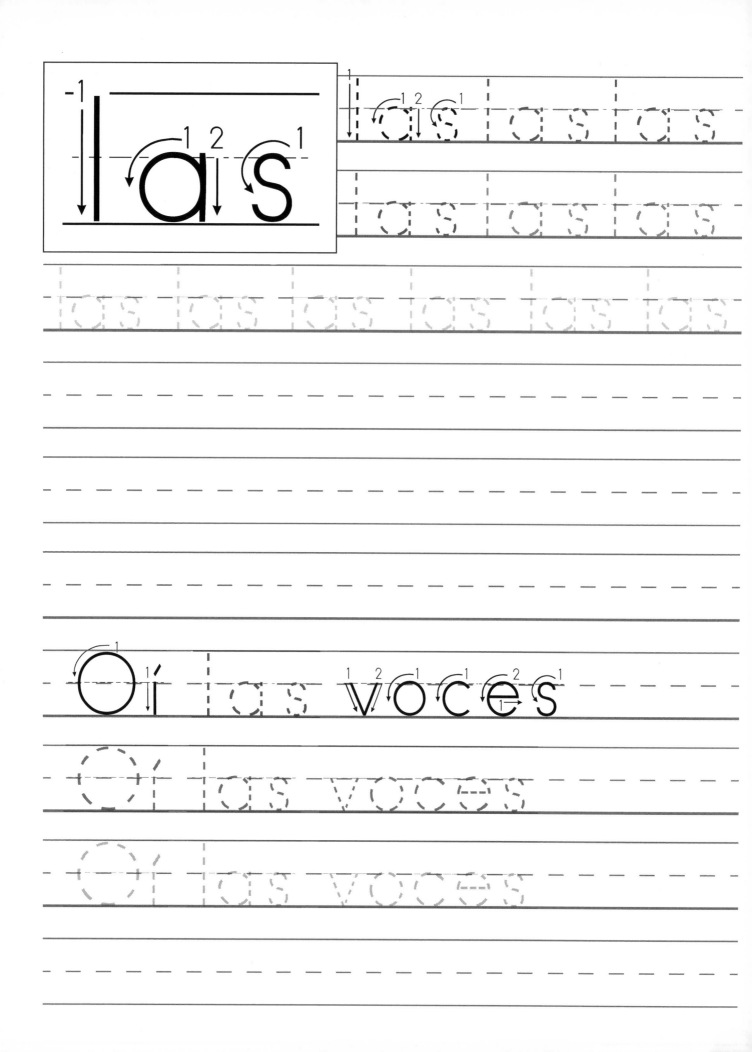

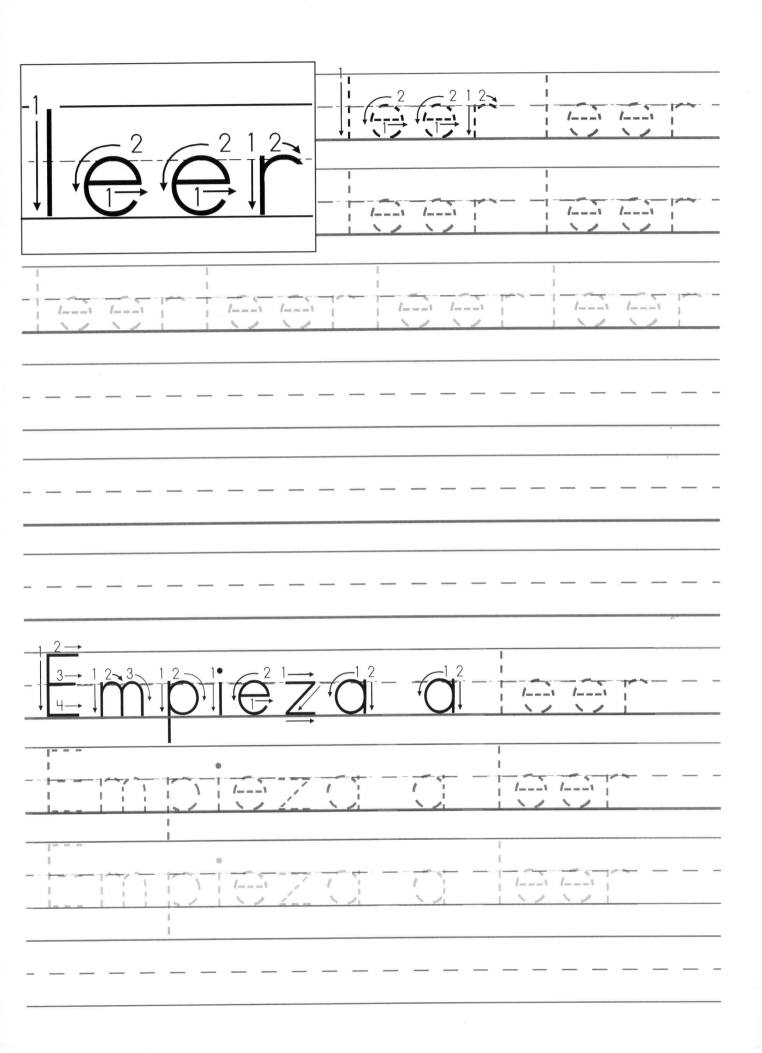

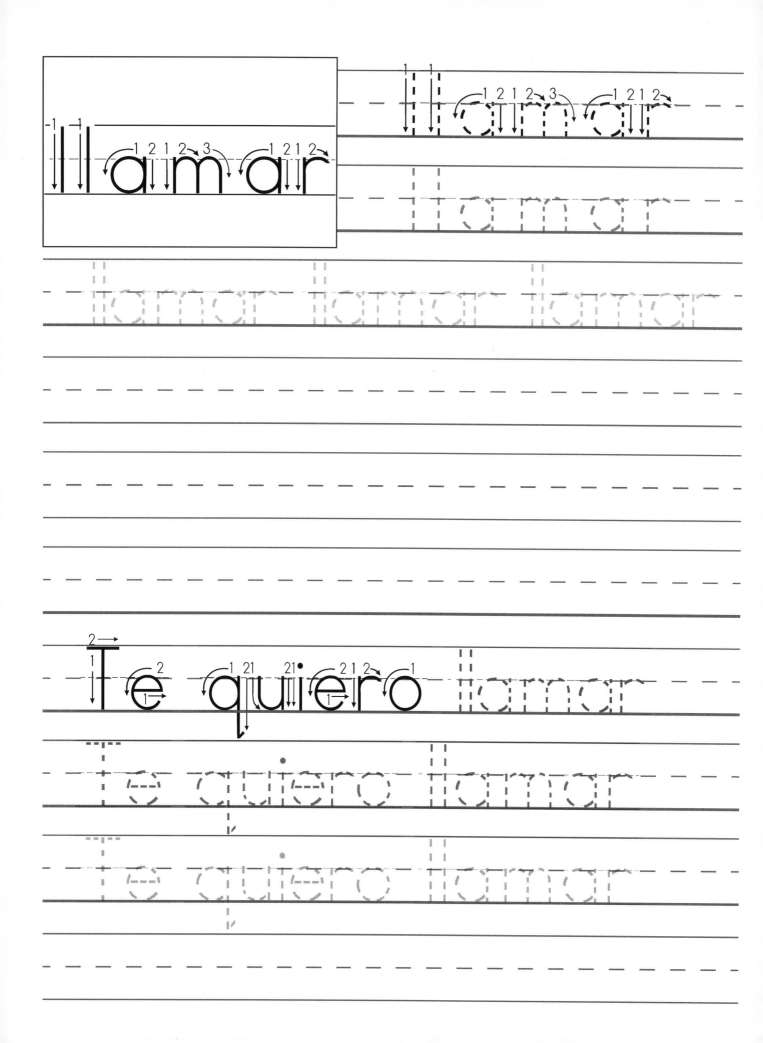

llamar

Te quiero llamar

los os os os

los los los

los los los los los los

Ten los cuadros

Ten los cuadros

Ten los cuadros

mamá

mamá mamá mamá

Amo a mi mamá

Amo a mi mamá

Amo a mi mamá

mira

mira

mira   mira   mira

Amo a mi mamá

Amo a mi mamá

Amo a mi mamá

mis

mis mis mis mis

mis mis mis

mis mis mis mis mis mis

Esos son mis lentes

Esos son mis lentes

Esos son mis lentes

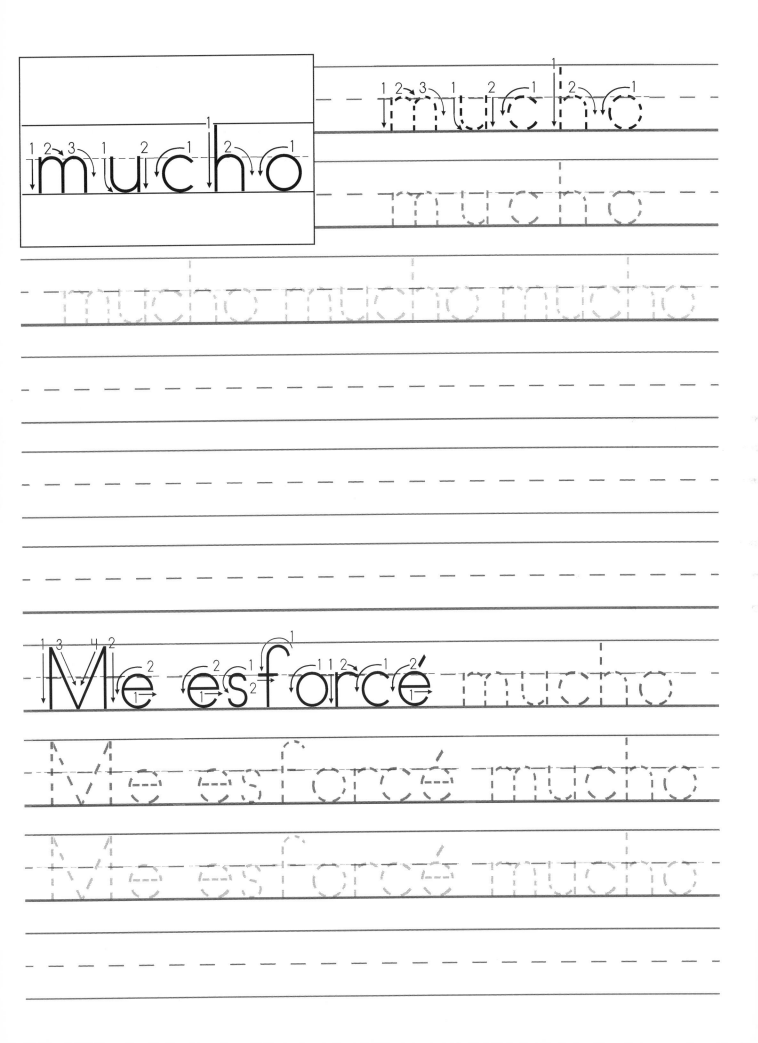

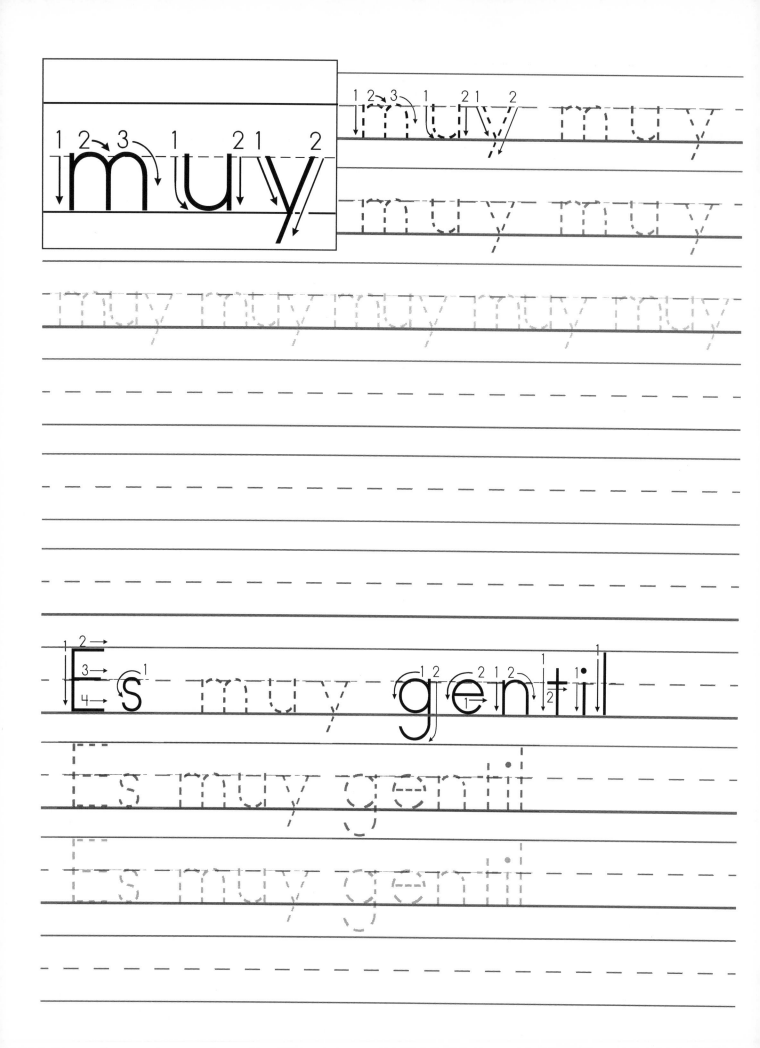

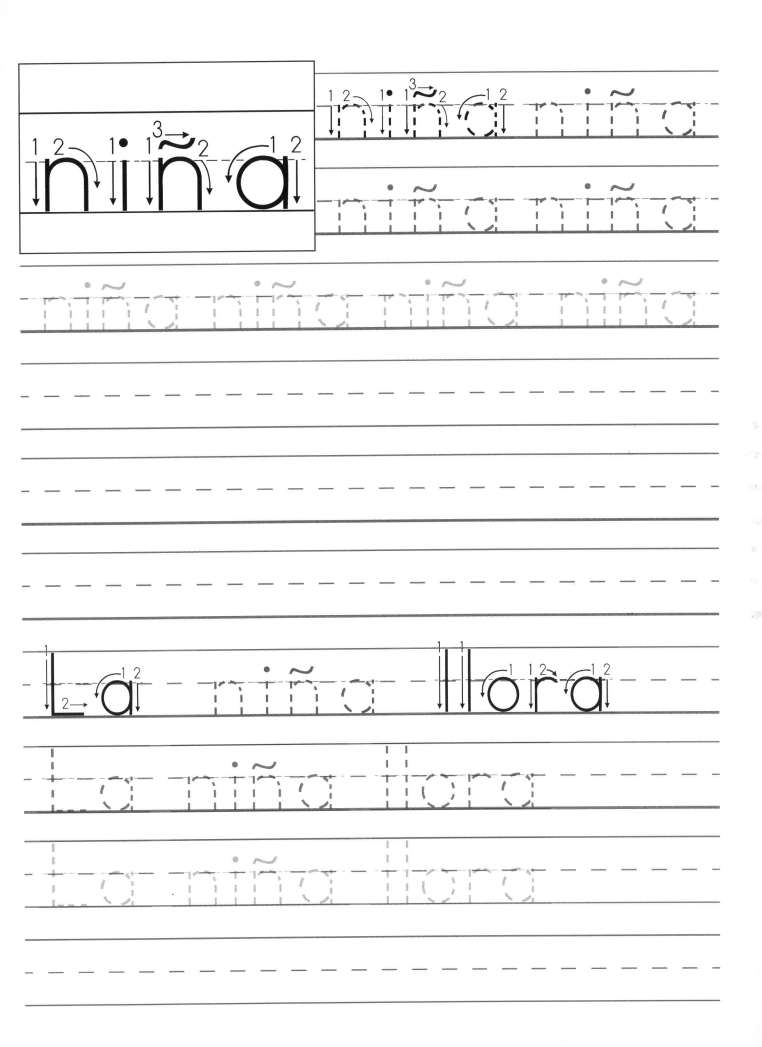

niño

niño niño niño niño

niño niño niño niño

El niño curioso

El niño curioso

El niño curioso

no no no

no no no

no no no no no no

Ellos no bailan

Ellos no bailan

Ellos no bailan

nos

nos nos nos

nos nos nos

nos nos nos nos nos

Eso nos dijo

Eso nos dijo

Eso nos dijo

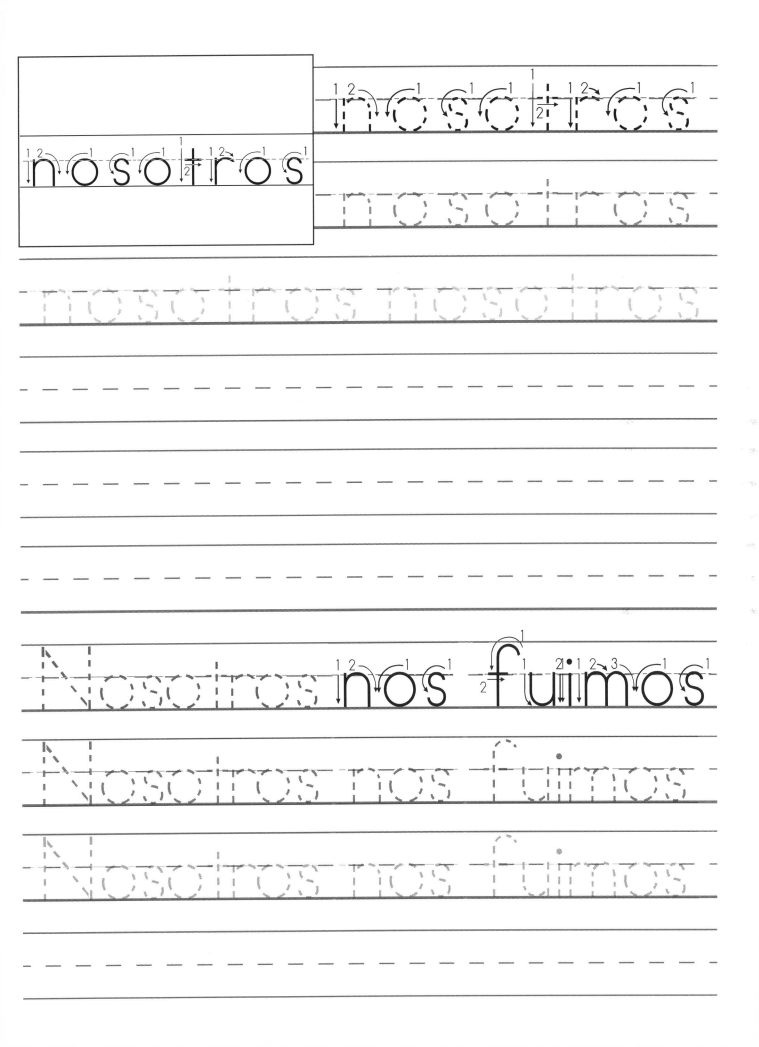

nunca

nunca

nunca nunca nunca

Ella nunca mintió

Ella nunca mintió

Ella nunca mintió

papá

Eso le dije a papá

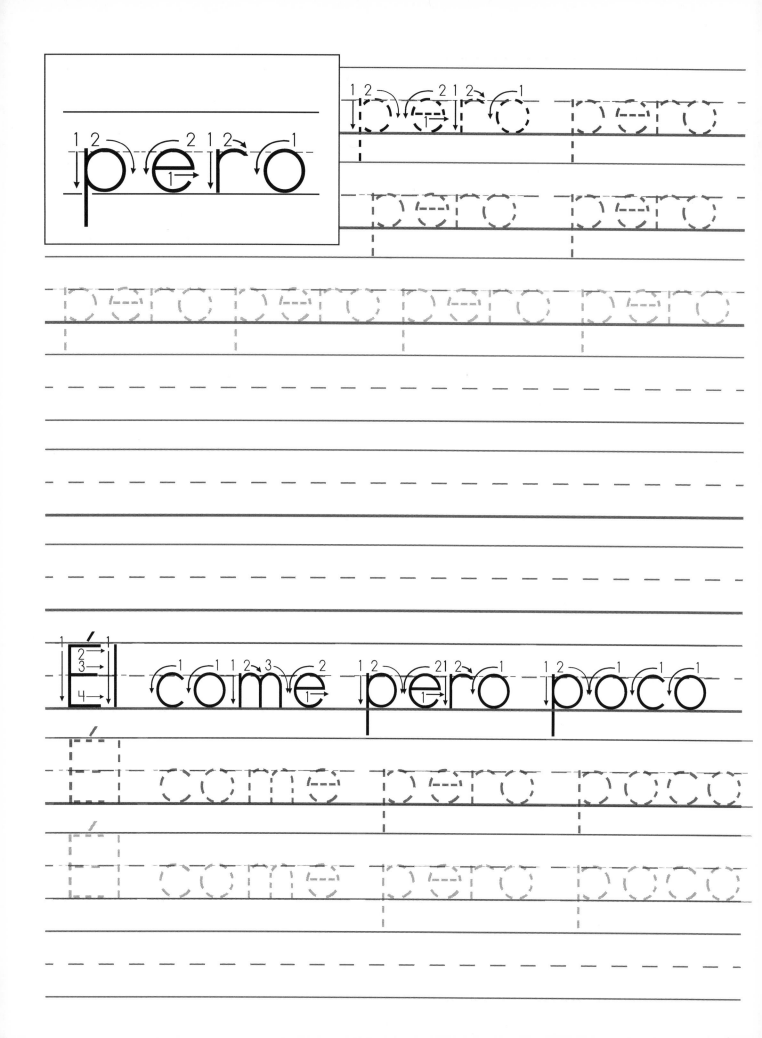

pero

pero pero

pero pero

pero pero pero pero

El come pero poco

El come pero poco

El come pero poco

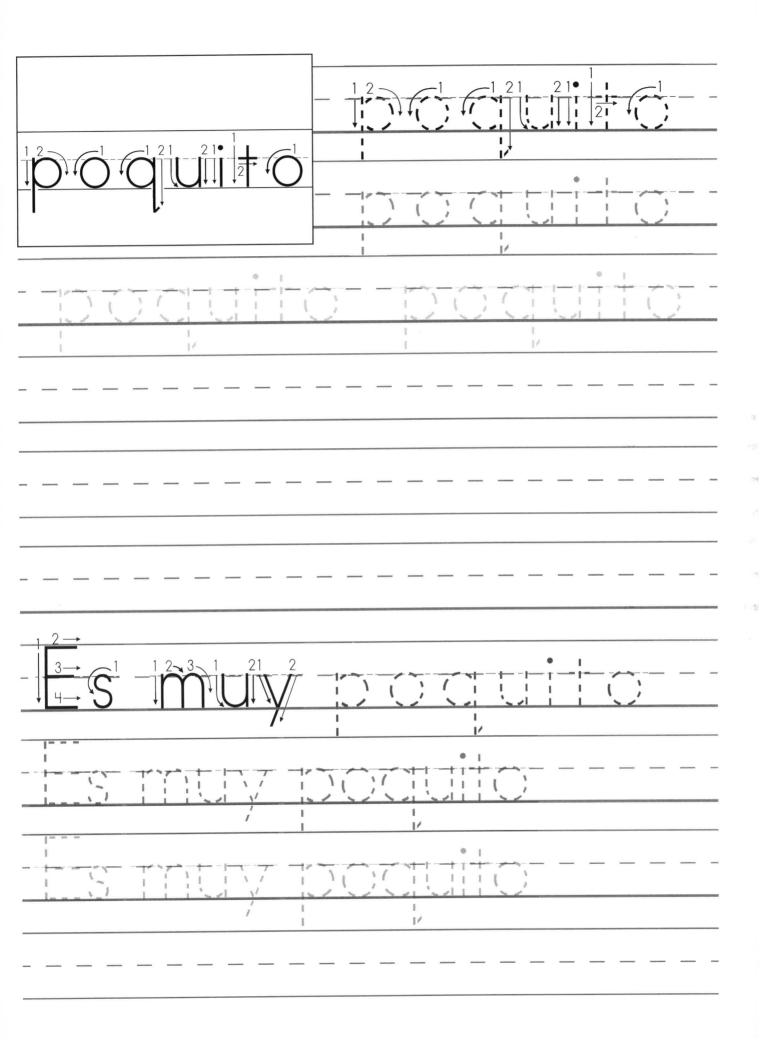

poquito

poquito

Es muy poquito

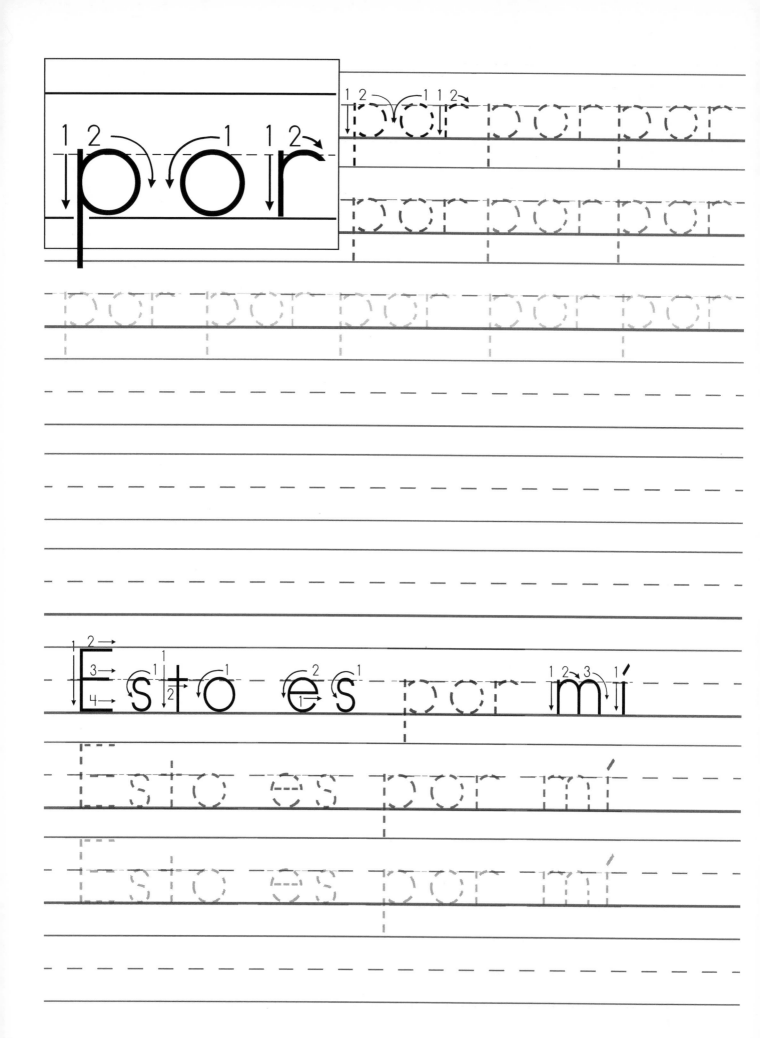

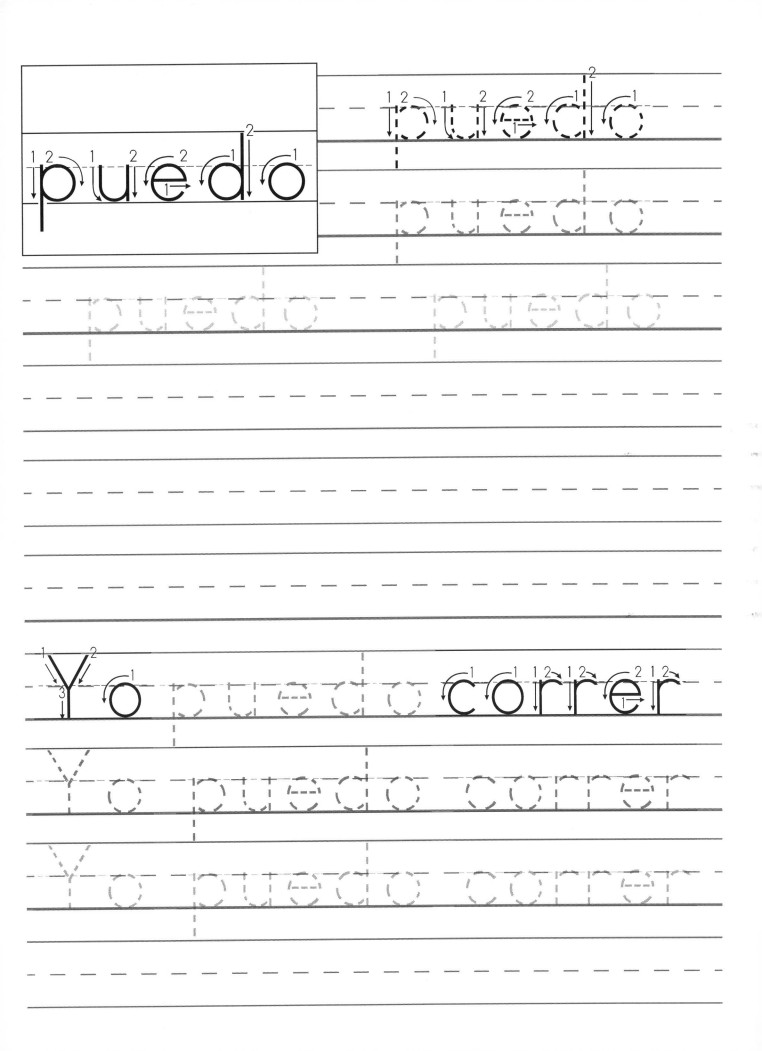

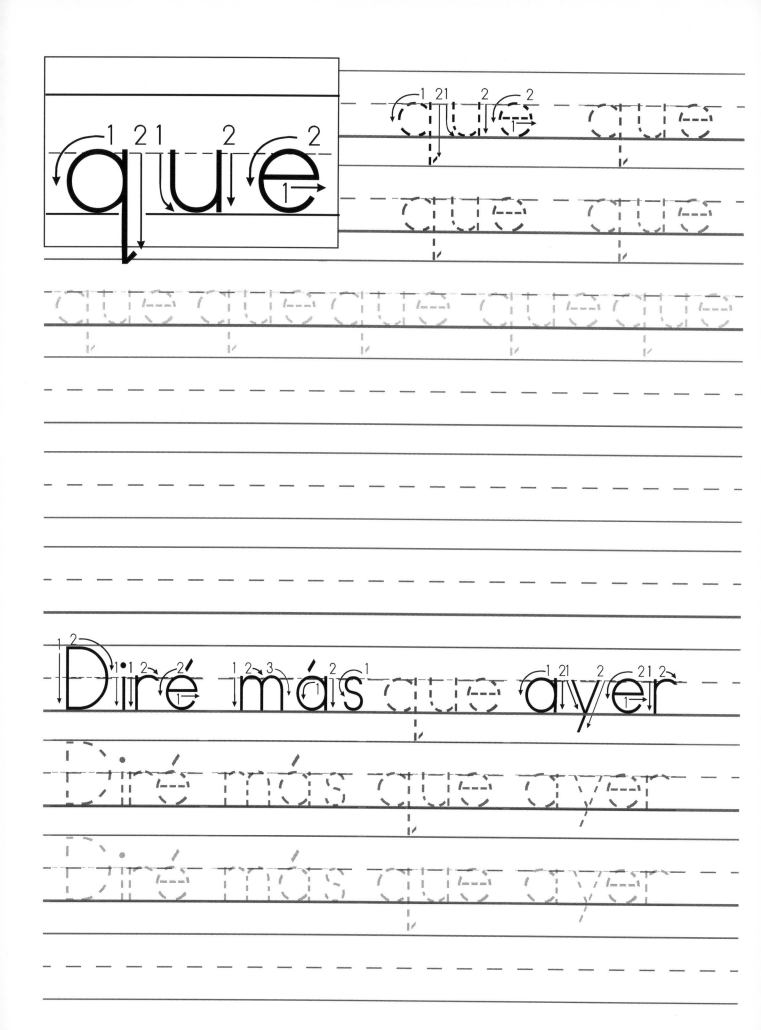

que

que   que

que   que

que que que que que

Diré más que ayer

Diré más que ayer

Diré más que ayer

quien

quien

quien quien quien

El es quien me lee

El es quien me lee

El es quien me lee

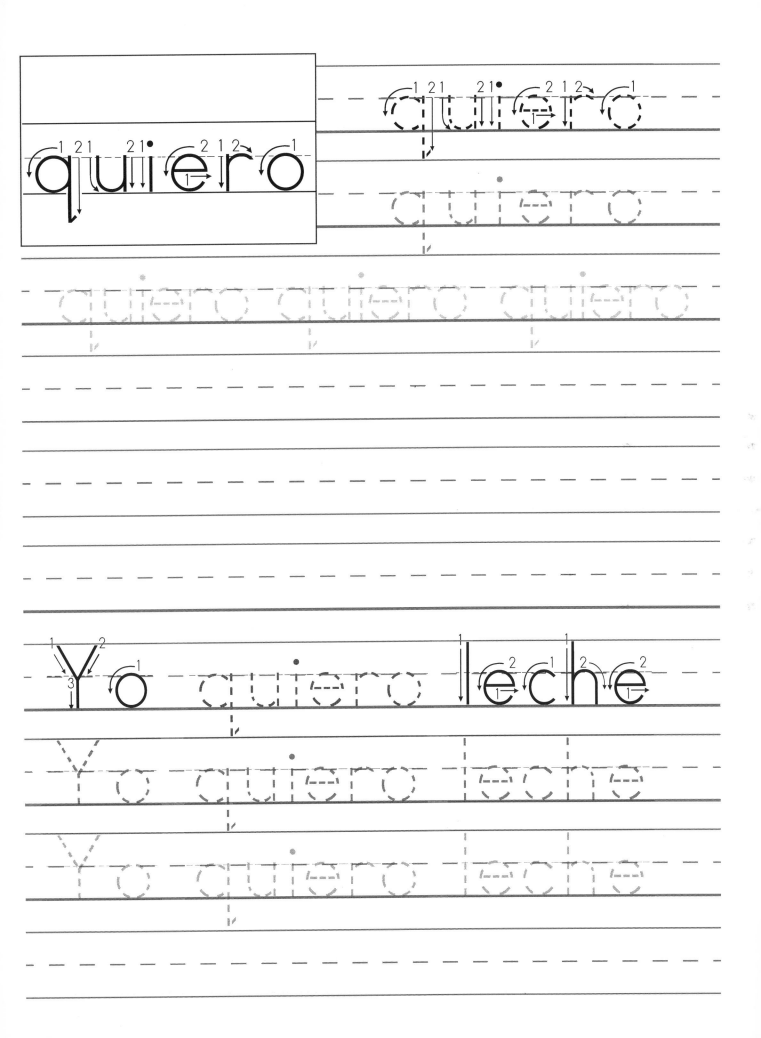

ropa

Compraré ropa

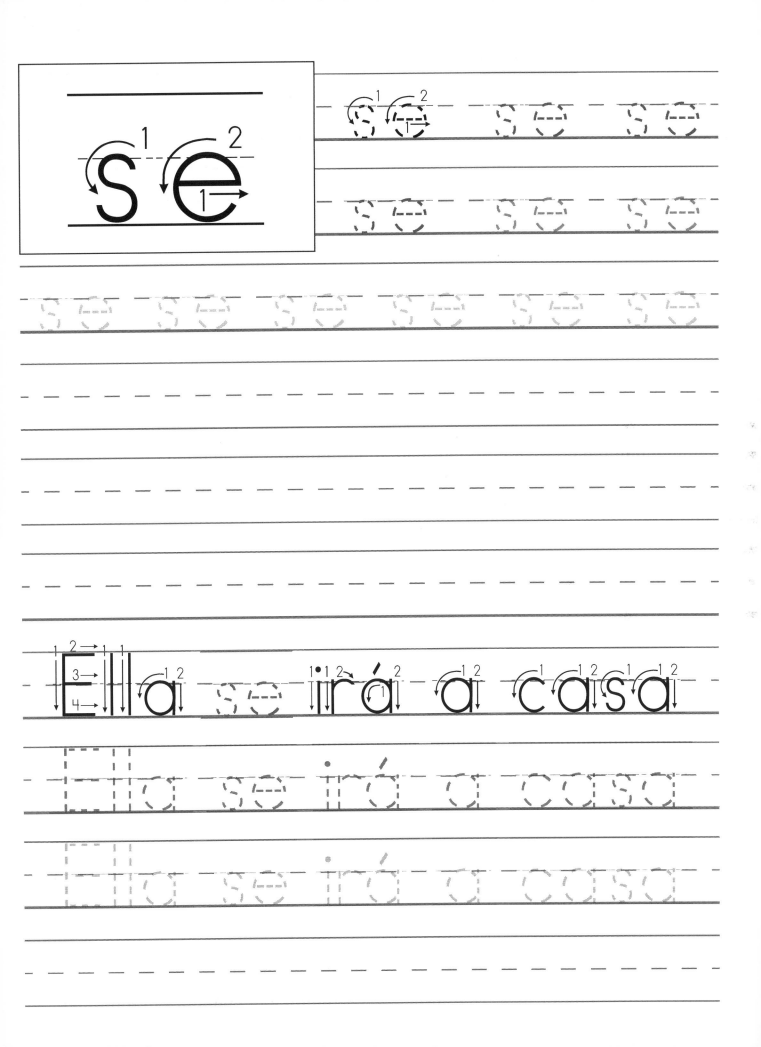

siempre

siempre

siempre   siempre

Siempre te amaré

Siempre te amaré

Siempre te amaré

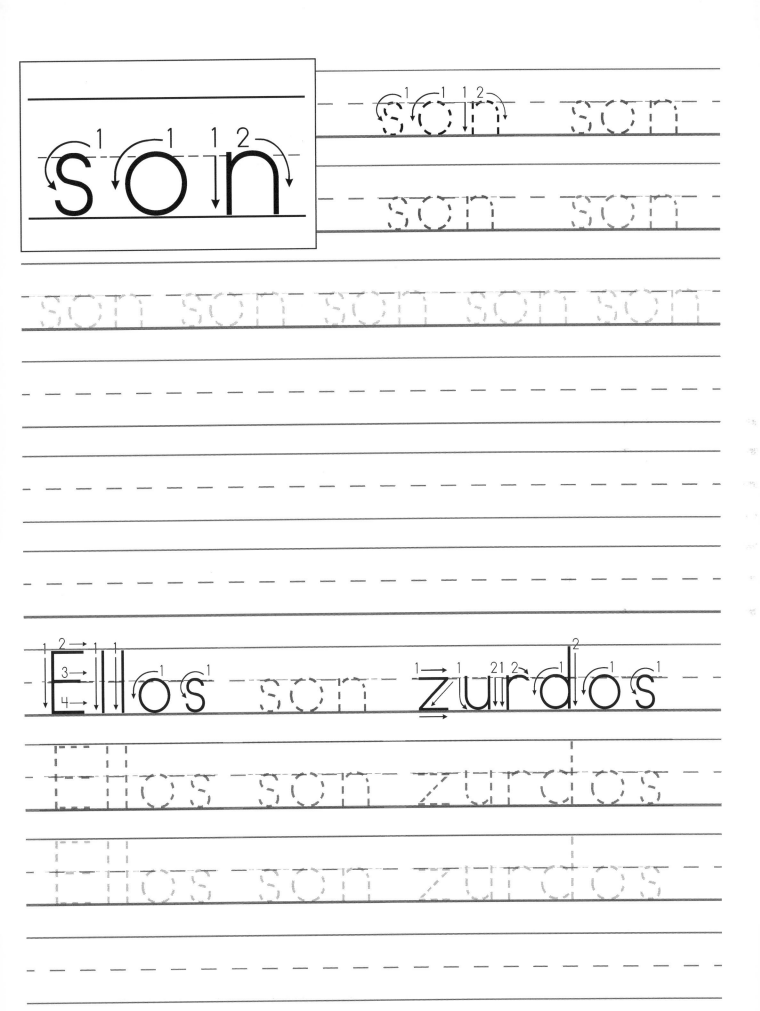

son

son   son

son   son

son son son son son

Ellos son zurdos

Ellos son zurdos

Ellos son zurdos

también

también

también   también

también te quiero

también te quiero

también te quiero

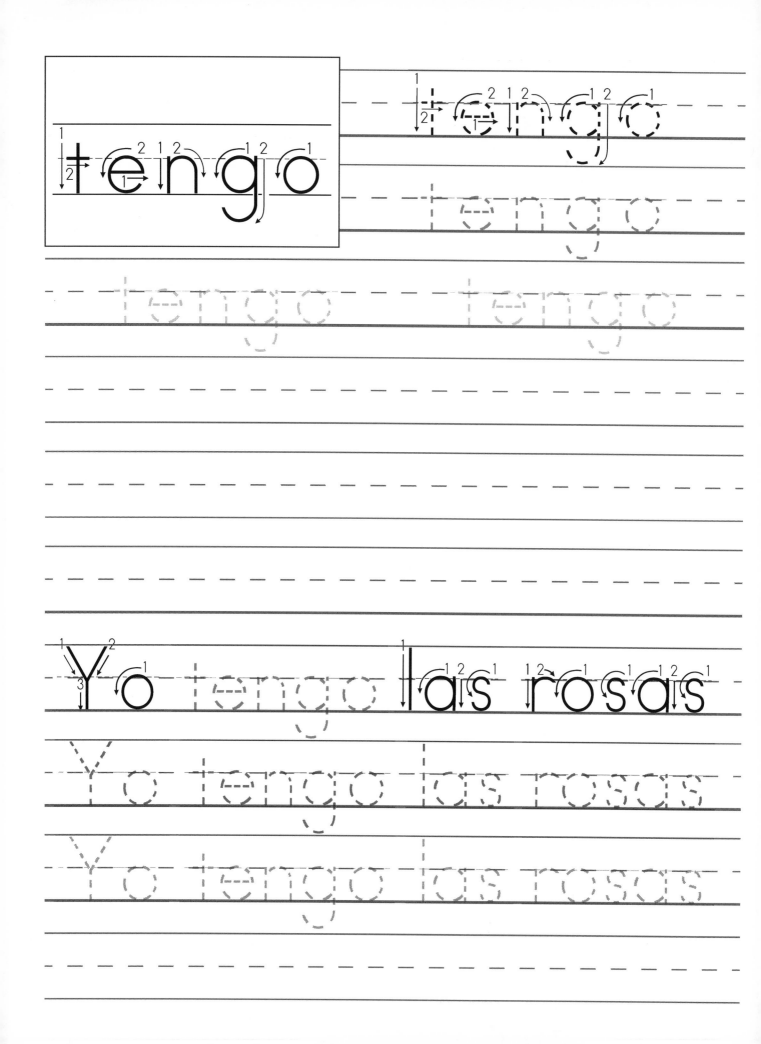

Tu

tu tu tu

tu tu tu tu

tu tu tu tu tu tu tu

Es tu peluche

Es tu peluche

Es tu peluche

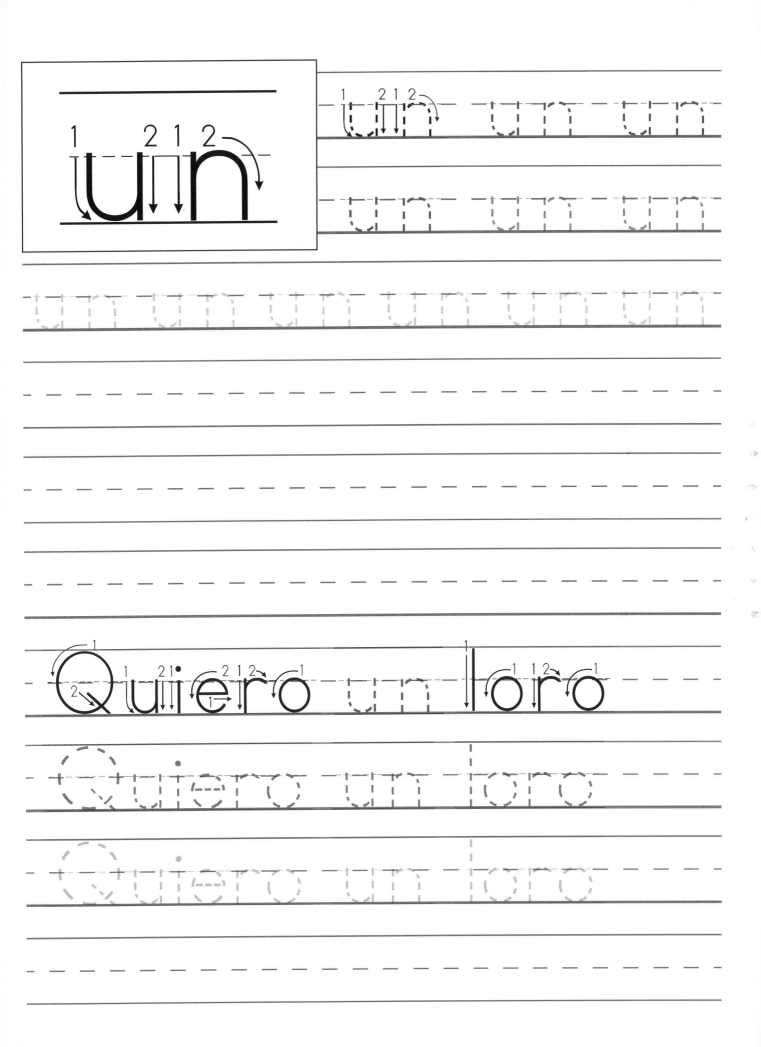

una una

una una

una una una una una

Dame una copa

Dame una copa

Dame una copa

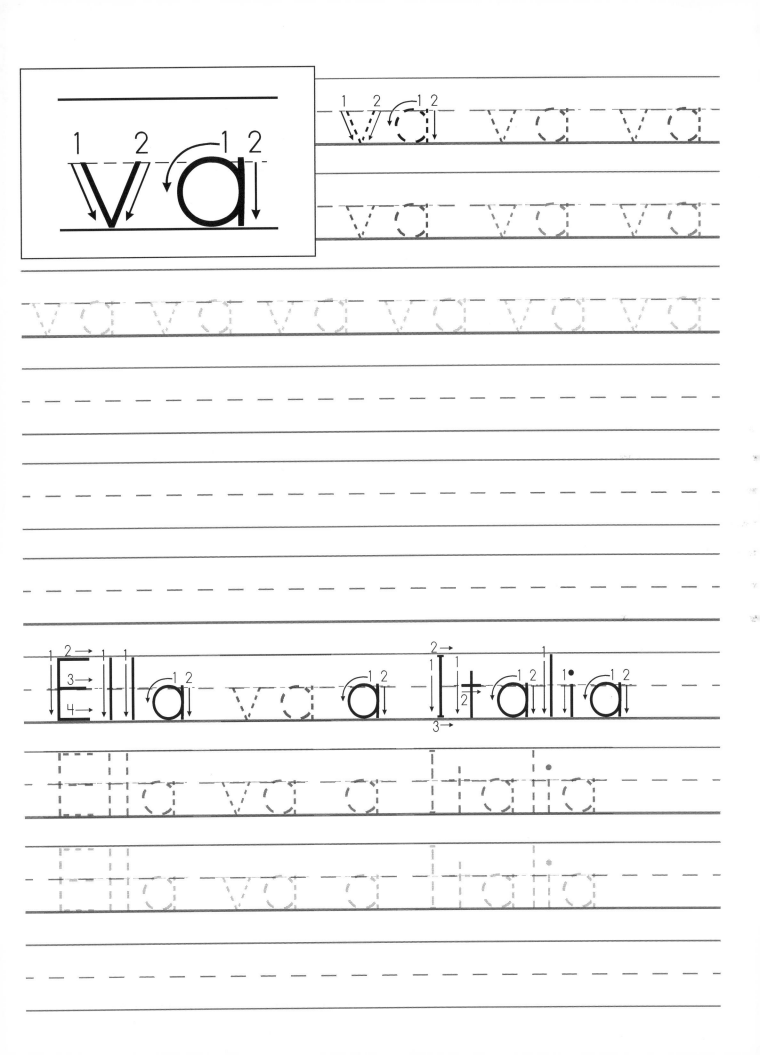

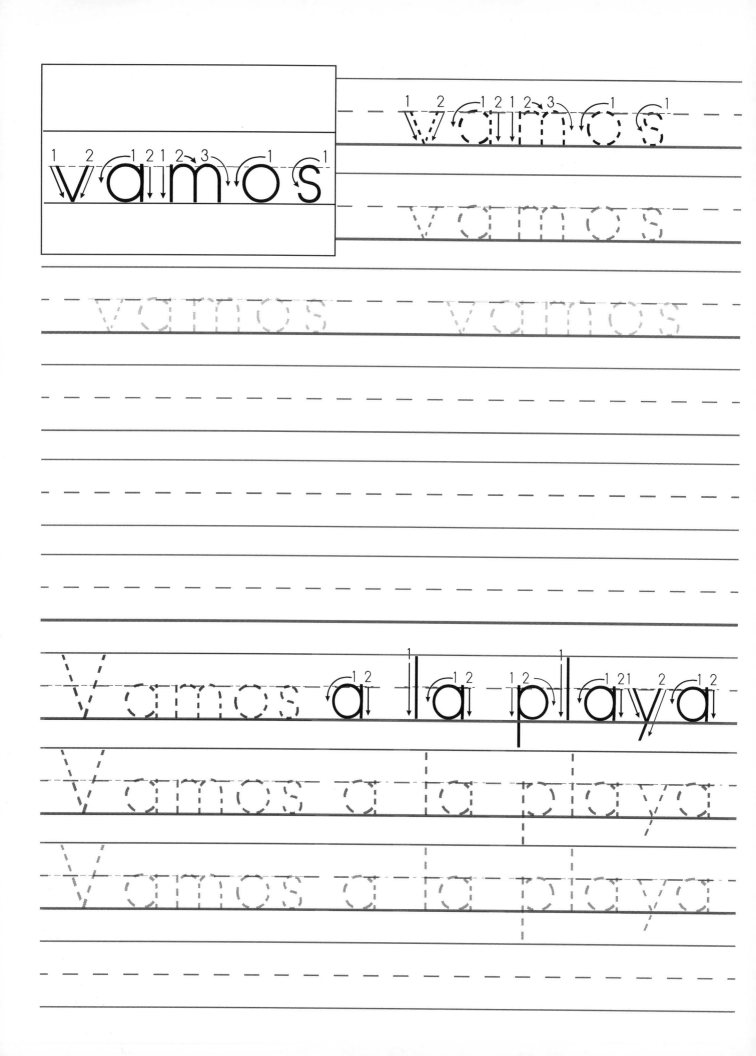

van

van van

van van van van

Ellos van a pasear

Ellos van a pasear

Ellos van a pasear

Made in the USA
Monee, IL
09 October 2022